ANTROPOLOGIA
INSURRECTA

DEDICADO A MI FAMILIA,
SUSANA, MOISES Y JEANINE

Y

EN MEMORIA DEL ANTROPOLOGO
SALATIEL ROMERO MALCA

ANTROPOLOGIA INSURRECTA

RICARDO L SABOGAL

UNT
UNSAAC
SPAV

UNIVERSIDAD NACIONAL DE TRUJILLO
CEPRODE, PERU

UNIVERSIDAD NACIONAL DE SAN ANTONIO ABAD DEL
CUSCO, PERU

SOCIEDAD PERUANA DE ANTROPOLOGIA VISUAL

ISBN 978-1452839240

Este libro es producto de varios
conversatorios con estudiantes de
antropologia y refleja
sus preocupaciones y opiniones generales.

Presentación

Hace más de veinte años que vengo estudiando antropología y nunca he dejado de sorprenderme y entusiasmarme con los nuevos conocimientos y descubrimientos de los antropólogos que se dedican profesionalmente al fascinante estudio de la cultura. Este pequeño libro está dirigido a todo estudiante de antropología, que igual que yo, siente una pasión y dedicación por el estudio de nuestro modo de vivir.

La intención de esta publicación es crear discusión y análisis con el fin de desarrollar la ciencia de la antropología en una dirección que sea en beneficio de la humanidad. Lamentablemente, la antropología ha hecho muy poco para ayudar a construir un mundo mejor donde vivir. Esperamos que las nuevas

8

generaciones de antropólogos se dediquen con pasión y responsabilidad a lo que es deber de la ciencia de la antropología.

Agradezco la colaboración de mis maestros, alumnos y de colegas antropólogos por sus opiniones y críticas. Y muchísimas gracias a mi familia que me permitió escribir y publicar este brevísimo libro.

Necesidad social del antropólogo

Cuatro factores son esenciales para disminuir la pobreza y mejorar el desarrollo humano y la calidad de vida: salud, educación, comunicaciones y leyes. En consecuencia, médicos, enfermeras, profesores, ingenieros, obreros, abogados, legisladores, entre otros, desempeñan papeles importantes. Pero según lo que la experiencia nos dice, a veces las obras que hacen algunos, las deshacen otros, y esto debido principalmente a la sobre especialización. Solamente existe un profesional preparado naturalmente para coordinar esfuerzos de una manera coherente: el antropólogo.

Las personas que gozan de buena salud, que están capacitadas, que están respaldadas por reglas claras, y que tienen acceso a los mercados a través de buenas comunicaciones, tienen mayores posibilidades de mejorar sus vidas. El problema radica en que los profesionales de la salud no ven más allá de sus diagnósticos, tests clínicos y laboratorios; los constructores de carreteras no ven más allá de sus planos, obras y terrenos; los legisladores no ven más allá de sus reglamentos, libros y tecnicismos; y los profesores cumplen con programas educativos sin responsabilizarse ni extralimitarse en otras competencias. El antropólogo es el responsable en trabajar con las maneras de vivir juntos de la gente, es decir, en trabajar con la cultura, y lo hace sin ignorar, sin dividir, y sin separar la totalidad del problema humano. El antropólogo no es un médico ni es un constructor de carreteras, obviamente, pero está entrenado para organizar y encaminar todos los esfuerzos en beneficio de las personas porque el antropólogo estudia al ser humano como un 'todo'.

En un país latinoamericano como el Perú, donde las carencias son grandes y la falta de dinero es apremiante, los antropólogos sufren de desocupación endémica. ¿A qué se debe ese maltrato a la profesión del antropólogo a pesar de que su rol es importantísimo en la búsqueda de una mejor calidad de vida?

Cultura

Las personas asocian la palabra cultura con el arte y la buena educación, y llaman 'incultos' a los que se cree que no saben nada de 'temas culturales' o que no han recibido educación en un buen colegio. Solamente los antropólogos saben que la cultura es las maneras de vivir juntos de la gente, y obviamente, saben que toda persona goza de la cultura. Si la sociedad aún no se ha enterado de lo que significa la cultura, y sigue llamando 'incultos' a los que quiere ofender, entonces los antropólogos no han hecho un buen trabajo.

CULTURA

es

La manera de vivir juntos

(UNESCO)

No es un medio

No es una historia

No es un mito

¿LA CULTURA ES UN OBJETIVO?

Trabajo de campo

El trabajo de campo es la parte más delicada del antropólogo. La forma cómo se recolecta información de la realidad cultural a través de instrumentos y técnicas va a afectar todo el trabajo posterior: redacción, análisis, validación de hipótesis, teorización, enunciación de leyes, interpretación, explicaciones, políticas de desarrollo, proyectos de desarrollo, ayudas humanitarias, consecuencias en el desarrollo humano y en la calidad de vida de las personas. El problema radica en que los antropólogos hacen apurados 'trabajos de campo' a través de esporádicas visitas y dedican más tiempo y recursos al trabajo 'intelectual' en la comodidad de sus instituciones y universidades. Son famosos los antropólogos europeos y norteamericanos que estuvieron de visita en algún momento en lugares 'exóticos y lejanos' y se pasaron toda su vida comerciando con sus experiencias 'intelectuales de primera mano'.

Personalmente creo, y según mi experiencia, al observar a los antropólogos cusqueños de origen campesino me he dado cuenta de que sólo ellos pueden acceder al conocimiento de los pobladores andinos de su región. Lamentablemente ellos no tienen dinero, por esto los libros sobre los pobladores andinos llevan casi siempre nombres extranjeros en sus carátulas.

TRABAJO DE CAMPO

SE LO REALIZA PARA

PUBLICAR
CONOCER LA REALIDAD
Y
¿MEJORAR LAS VIDAS DE LA GENTE?

Otras culturas

Fruto de la falsa antropología colonialista es la mala palabra 'otredad'. Por décadas algunos antropólogos han hablado de 'otras culturas u otras gentes'. Esto ha causado exclusión, dominio, desigualdad, injusticias, etnocidios y genocidios. No existen otras culturas, existe solamente y únicamente una sola cultura, la cultura humana. Puede haber otras naciones, otros países, otras comunidades, pero no 'otras culturas'. La cultura puede tener diferentes manifestaciones, aspectos y rasgos en diferentes lugares y tiempos, pero es una sola. La cultura es las maneras de vivir 'juntos', y esa palabra clave juntos nos debe hacer evitar todo intento y mención de diferencias que causan abusos y conflictos.

CULTURA

LAS MANERAS DE VIVIR JUNTOS

DE TODA LA HUMANIDAD

¿EXISTEN LAS 'OTRAS' CULTURAS

O SOLAMENTE UNA CULTURA?

Confusa desilusión

Los nuevos estudiantes de antropología, entusiasmados por una prometedora 'aventura en el mundo exótico y curioso de los pueblos lejanos y diferentes', se decepcionan en sus primeros encuentros con los profesores y antropólogos profesionales. Esto se debe a que la antropología no es su vocación o a que la frialdad y poca pasión de los maestros les ocasiona desinterés y aburrimiento. Creo que la antropología al ser la ciencia del ser humano por excelencia puede ser interesante sin dejar de ser rigurosa en términos científicos. El problema es que muchos antropólogos han maltratado a la antropología con tal de hacerla aparecer como una exquisitez excéntrica fantasiosa por un lado o como una obra matemática espectacular por otro. Algunos trabajos de antropología parecen cuentos y otros parecen textos de geometría. Lo ideal sería combinar el análisis riguroso sin olvidar el aspecto humano.

ANTROPOLOGÍA

ES

¿AVENTURA

CIENCIA

ARTE

PASATIEMPO

PROFESIÓN

O TODO JUNTO?

Indígenas, indios, indigenistas.

En las publicaciones y conferencias de antropólogos es común encontrar palabras como indígenas, indios e indigenistas. Incluso, muchos científicos de diversas áreas afirman que defienden los derechos de los indígenas, representan a la cultura de los indígenas y que son amigos y hermanos de los indígenas. Es más, décadas atrás, académicos propusieron que existía una antropología indigenista. Lo que mi experiencia de campo me dice, y lo que los 'supuestos indios' me han expresado, es que ellos no son indios ni indígenas. Pueden ser campesinos, pastores, quechuas, aymaras, agricultores, shipibos, personas, profesores, empresarios, pero nunca he escuchado a alguien decir que es un indio o indígena. Además, en la mente de las personas, las palabras indio e indígena significan insulto y pobreza.

Los antropólogos continúan utilizando las palabras indio, indígena o indigenista a pesar de que saben que es fruto de un error y creación criminal del genocidio y la esclavitud. Los invasores europeos creyeron que habían llegado a las Indias y por esto llamaron indios a los ciudadanos de las naciones del continente invadido.

INDIO

ES

UN INSULTO

EN LA MAYORÍA

DE PAÍSES

LATINOAMERICANOS

Síndrome del buscador de tesoros

Aunque parezca increíble, cuando visitamos ciudades antiguas y sitios arqueológicos, podemos percibir que existe una distorsión de valores cómplice de grandes robos históricos. Como ejemplo está Machu Picchu, cerca de la hermosa ciudad del Cusco. Al visitar Machu Picchu, una de las primeras cosas que aprenderemos es que fue 'descubierta' por Hiram Bingham. Incluso, hay una placa en homenaje al supuesto gran descubridor. Pero la verdad es otra. Los habitantes de las tierras circundantes de Machu Picchu ya conocían de su existencia. Hiram Bingham robó y saqueó todos los tesoros y objetos valiosos que encontró durante sus viajes al Perú. Si no se llevó las piedras de Machu Picchu se debió a que eran muy pesadas. Los malos arqueólogos se llevan a sus casas objetos que no les pertenecen. El arqueólogo 'buscador de tesoros' encuentra satisfacción al poseer y atesorar objetos que son patrimonio de los países que visita.

Relativismo Cultural

'Toda cultura merece respeto o no hay culturas buenas ni malas' son frases populares en la antropología. En otras palabras, si una sociedad con su cultura particular esclaviza y maltrata a los débiles inocentes, entonces debemos respetarla porque esa es su manera de vivir. Es decir, su cultura o manera de vivir no es buena ni mala, merece respeto y no se la puede juzgar. Por consiguiente, no existen valores, ni decencia, ni dignidad, ni derechos humanos universales. Algunas comunidades presentan rasgos culturales y completos sistemas de modos de vida que procrean y defienden grandes abusos y sufrimientos. El relativismo cultural nos dice simplemente que podemos 'entender' ciertas ideas y comportamientos de ciertas sociedades solamente en relación a su cultura particular, y entender no significa defender, justificar ni respetar, sino simplemente eso, entender. Si ciertos hindúes esclavizan a otros hindúes, podemos explicar que esto se debe a que los primeros se creen superiores a los segundos por sus tradiciones y cosmovisiones propias. Nada más. Pero decir que no debemos criticar ni hacer nada, eso ya es otra cosa. Por supuesto que sí hay culturas mejores que otras, basta observar sus condiciones de vida.

RELATIVISMO

CULTURAL

¿ES SOLO UN MÉTODO?

Y

¿EXISTEN UNIVERSALES CULTURALES

QUE SEAN POSITIVOS PARA TODOS?

Religiones verdaderas

Otra frase popular es la que afirma que 'no hay religiones verdaderas ni falsas y que toda religión tiene sentido a su seguidor'. Es decir, tampoco se debe criticar ni denunciar las injusticias cometidas en nombre de la religión. Esto significa que si conocemos niñas mutiladas y traumatizadas en nombre de las tradiciones religiosas, debemos callarnos y solamente escribir algún informe sobre el acontecimiento que será un estudio antropológico y no una denuncia criminal. No se necesita mucho esfuerzo para darse cuenta de que muchos 'profetas' que venden productos 'milagrosos' a través de la televisión con el único fin de obtener dinero a través de esta estafa, son simplemente cabecillas de religiones falsas.

¿QUÉ ES LA RELIGIÓN?

¿LAS RELIGIONES
CREADAS CON FINES DE LUCRO
SON
RELIGIONES
VERDADERAS?

Negando al prójimo

Muchos antropólogos usan 'los otros' para referirse a los seres humanos que son 'objeto' y protagonistas de sus estudios. Incluso alguien inventó una palabra que parece una mala palabra: 'otredad'. Si el objeto de estudio fuese el aluminio se podría aceptar esto, pero en el caso de la antropología se estudia a personas, a seres humanos. Y los seres humanos son nuestros prójimos, lo que implica dignidad y solidaridad. La antropología del 'otro' ha causado crímenes, injusticias y esclavitud. La antropología del prójimo, en cambio, nos recuerda que estudiamos seres humanos como nosotros y no objetos.

¿ANTROPOLOGÍA

ES EL

ESTUDIO

DEL OTRO

DE UNO MISMO

DEL PRÓJIMO

DE TODOS?

Culturalistas versus desarrollistas

El antropólogo culturalista es aquel que desea que las tradiciones y los modos de vida 'pintorescos' no cambien para su deleite personal. El antropólogo desarrollista es aquel que desea mejorar la calidad de vida de las personas sin importarle que algunas tradiciones y rasgos culturales se olviden y dejen de realizarse. La pregunta clave es: ¿Una fiesta tradicional es más importante que la salud de los pobladores?

CULTURALISTA

BUSCA

EL CONOCIMIENTO

DESARROLLISTA

BUSCA

MEJOR LA CALIDAD DE VIDA

¿ELLOS SON ENEMIGOS?

Apología de la injusticia

Muchos antropólogos y arqueólogos se han interesado preferentemente por las manifestaciones humanas materiales vistosas, monumentos inmensos, grandes construcciones, tradiciones espectaculares y raros rituales. Mientras más oro en las tumbas y más raras las costumbres, más prestigio para el 'descubridor'. En otras palabras, el materialismo y superficialidad de los antropólogos han conducido a que la humanidad conozca la grandiosidad de muchas ruinas y la originalidad de los cargadores de bultos de los mercados andinos. El enfoque es únicamente apreciar lo llamativo y comercial de las singulares maneras de vivir. Obviamente, las personas que construyeron grandes edificios en tiempos de cruel esclavitud no se entusiasmarían tanto de redescubrir las obras monumentales que significaron crímenes y desgracias para sus verdaderos constructores. La idea errónea que algunos mantienen es: los seres humanos no interesan, las obras impresionantes y costumbres exóticas, sí.

LAS GRANDES OBRAS ANTIGUAS

FUERON CONSTRUIDAS

POR MILLONES

DE

ESCLAVOS,

(NO POR MÁQUINAS

DE

EXTRATERRESTRES

O

POR GRANDES INGENIEROS

O HERMOSOS REYES)

SON OBRAS DE

MILLONES DE ESCLAVOS

CON SU SANGRE

Y

SUFRIMIENTO

Pensamiento incoherente

El pensamiento antropológico está plagado de incoherencias que han ocasionado el deterioro de la ciencia del ser humano. Los mismos antropólogos que defienden la diversidad cultural y denuncian las injusticias, se callan y son cómplices de genocidios, etnocidios y esclavismos. Antropólogos de países con armas poderosas siempre han contribuido a las crueles obras de sus gobiernos invasores. Un ejemplo, los mismos antropólogos que denuncian los crímenes y robos cometidos por los invasores españoles, defienden y ensalzan a los Incas que fueron iguales o peores en sus invasiones y crímenes crueles.

TODO IMPERIO

COMPARTE

LA MISMA POLÍTICA

DE DOMINIO Y OPRESIÓN

Falsos profetas

Conocidos expertos con nombres famosos y reconocidas historias de vida profesionales pueden trabajar al servicio de intereses de pocas personas ricas que desean más riqueza y poder. Un prestigioso profesor universitario explicó cierta vez en una lujosa universidad estadounidense acerca de la ventaja comparativa y de la ventaja competitiva. Según sus palabras, los países pobres como el Perú deben dedicarse a sus ventajas comparativas, es decir, deben producir y vender en el mercado internacional productos baratos que otros países no pueden producirlos a bajo costo por muchas razones. Por ejemplo, está muy bien que Perú produzca ciertos tipos de artesanías hechas a mano porque lo hace a bajo costo. El mismo experto afirmaba que el Perú no debía ni podía entrar al mercado de las computadoras o de alta tecnología porque su ventaja competitiva es mínima, porque los países ricos producen máquinas de alto valor agregado a bajo costo, y porque los países ricos son altamente competitivos mientras que los países pobres como el Perú no lo son. Todo esto debido a que, entre otras cosas, los peruanos no innovan, no investigan y no crean. En otras palabras, el Perú estaría condenado a vender barato porque sus obreros ganan miserias y a comprar caro porque los técnicos de los países ricos ganan buenos salarios, o diciéndolo de una manera diferente, el Perú 'nunca' va a crear riqueza y por esto debe dedicarse a la 'ventaja comparativa' que es su única opción. Este tipo de discurso tiene solamente un objetivo: perpetuar la supremacía de los países ricos y evitar la emergencia de los países pobres.

En la antropología se puede detectar miles de hechos similares que son defendidos por malos antropólogos. Ante los proyectos de investigación y producción intelectual que llevan nombres extranjeros de europeos y norteamericanos, se ofrecen explicaciones imprecisas. (Los libros, documentales, teorías, tecnologías, investigaciones, proyectos de desarrollo y trabajos arqueológicos, son realizados y manejados por extranjeros que poco conocen de las realidades locales de los lugares pobres). Se explica que las instituciones extranjeras de los países ricos poseen el dinero y que financian obras en beneficio de sus profesionales. Este hecho es cierto, pero no significa que no debamos hacer nada en el futuro para evitar esta cultura académica de la pobreza que perpetúa atraso, dominación y dependencia.

EL MEJOR EXPERTO
ES EL QUE VIVE
EL PROBLEMA A TRATAR
POR LO TANTO
LA ETNOGRAFÍA ES LO MÁS EXPERTO

Popularización

Pocos antropólogos han llegado a ser populares en la historia. Creo que solamente el estadounidense Marvin Harris y el peruano Carlos Castaneda han sido mundialmente famosos en el pasado. Lo mismo no se puede decir de las ideas de la antropología. A pesar de que muchos antropólogos han tratado de propagar ideas antirracistas y de tolerancia intercultural, no conozco ninguna idea nacida de la antropología que sea conocida popularmente y que haya contribuido grandemente al bienestar de la sociedad. Otras ciencias han ofrecido a la humanidad conceptos generadores de bienestar y de desarrollo, tales como los enunciados por la ecología, la economía o la sociología. Ahora, gracias a esos aportes, las personas entienden mejor el medio ambiente, los costos y beneficios y los conflictos sociales. En cuanto al trabajo de la antropología se refiere, ni siquiera el concepto de cultura es conocido por la sociedad.

Popularmente, cultura es el arte refinado, y la palabra inculto es un insulto contra alguien que no sabe de arte. Para la gente, cultura no significa nuestras maneras de vivir juntos. Por consiguiente, lo que se debe hacer es popularizar ideas de la antropología para concientizar a las personas que todos los seres humanos somos seres culturales con la misma dignidad.

UN OBJETIVO
DEL ANTROPÓLOGO
ES LA POPULARIZACIÓN
DE LA ANTROPOLOGÍA
ASÍ SE LOGRA
LA CONCIENTIZACIÓN
DE LA SOCIEDAD

Holocaustos

El holocausto es la matanza de gran cantidad de seres humanos. Se lo puede hacer de maneras directas o indirectas: asesinando, causando daño físico y mental, evitando nacimientos, imponiendo condiciones de vida destinadas a la destrucción de vidas humanas, transfiriendo infantes, evitando intencionalmente el desarrollo de la calidad de vida para destruir al grupo humano indeseado. En la historia de la humanidad se ha hecho grandes matanzas u holocaustos que nunca han sido investigados para aplicar justicia a los culpables. Sobresalen los holocaustos de Ruanda en África, los asesinatos comunistas en la Unión Soviética, el genocidio del gobierno canadiense, el genocidio del gobierno estadounidense, los holocaustos que los países colonizadores como Inglaterra, Portugal y España cometieron, los holocaustos cometidos por las iglesias Católica, Anglicana,

Presbiteriana y Metodista, el holocausto cometido por los nazis en contra de los judíos, el holocausto del gobierno de Israel en contra de los palestinos, los holocaustos en contra de los ciudadanos campesinos cometidos por los gobiernos peruanos de Fernando Belaúnde, Alan García y Alberto Fujimori, y muchos otros casos más que esperan ser investigados.

Los holocaustos son cometidos por personas en contra de otras personas. Es un asesinato grande, inmenso, brutal, que impresiona tanto que queda impune y nadie va a la cárcel. Los cometen grupos de personas que no están respaldadas por bandas, sino por grandes organizaciones nacionalistas y racistas, por esto, es difícil de castigarlos, o tal vez quedan impunes porque no se quiere enfrentarlos debido a que el riesgo es grande.

Las causas de los holocaustos son variados. Las matanzas de los pobladores de las tierras de Norteamérica fueron cometidas por los ingleses, holandeses, españoles, militares y presidentes estadounidenses y canadienses por la codicia, por la posesión de tierras y recursos; y los asesinatos de los habitantes de Sudamérica fueron hechas para apropiarse de las riquezas. Pero en realidad, los holocaustos se realizan motivados por el racismo. Los racistas no consideran como prójimo a las personas que son consideradas de razas inferiores. Los racistas consideran a las razas inferiores como seres sin los mismos derechos. Por esto, por ejemplo, las amas de casa peruanas o los ingleses explotan a los miembros de 'otras especies' sin ningún sentido de culpabilidad. Y esto ocurre a pesar de que las diferencias supuestamente raciales y biológicas son percibidas solamente por el explotador.

La antropología, o mejor dicho, los antropólogos han hecho muy poco para erradicar el racismo. Los antropólogos han escrito informes y libros que poca gente los lee, a lo que se llama 'antropología de papel'. Parece ser que solamente las organizaciones judías se han dedicado a propagar el holocausto en contra de los judíos a través de películas y documentales pagados por ellos. Eso es muy bueno, pero sería mejor que otros grupos interesados hagan conocer los otros holocaustos.

Por desgracia, en la actualidad, muchos antropólogos vienen trabajando con empresas mineras, corporaciones y gobiernos en contra de las poblaciones pobres. Muchos antropólogos son cómplices de los nuevos holocaustos.

HOLOCAUSTOS

SON

ASESINATOS EN MASA

DE PERSONAS

Síndrome del admirador agradecido

Un fenómeno muy peculiar que existe en los países y lugares pobres es el 'Síndrome del admirador agradecido'. Este síndrome consiste en que la persona que pertenece a una clase social menos favorecida y desposeída ofrece su hospitalidad a la persona que pertenece a la clase superior y que detenta mayor prestigio y valor simbólico. Se podría decir que lo hace porque espera algo a cambio o porque aspira a ser considerado de la misma clase, pero según mi experiencia, en muchos casos no es así.

LIBERTAD

EQUIDAD

JUSTICIA

SE LOGRAN CON ERRADICACIÓN

DEL PODER SIMBÓLICO

Xenofobia u odio a los extranjeros

Un grupo de turistas ingleses fueron arrestados por comuneros campesinos porque los confundieron con empleados de una abusiva empresa minera inglesa que opera en Perú. Al conversar con un habitante, éste no expresó ninguna culpabilidad porque según él, a pesar de que se cometió un error, todos los extranjeros son iguales. Es más, me recitó un viejo poema que dice así:

"Ellos viven en una pequeña isla

Que ha invadido grandes territorios

Comen comida repugnante

Toman alcohol para emborracharse

Roban a los débiles sus riquezas

Matan niños y mujeres para invadir sus tierras

Y para apoderarse de su oro y de sus frutos

Adoran a una reina que representa a su dios pagano

No tienen sentimientos ni remordimientos

Son animales sin alma

Ellos son los ingleses"

Sea como fuere, la xenofobia está cada vez más en aumento. Por supuesto, no todos los ingleses son invasores abusivos y los habitantes de ciertos países con políticas y gobiernos criminales no son igualmente criminales, pero las generalizaciones y los estereotipos van cada vez más y más en aumento. Algunos antropólogos han tratado de comprender diversas culturas y de crear lazos entre sociedades diferenciadas. Otros antropólogos han ocasionado más distanciamientos y más profundas xenofobias con sus trabajos y publicaciones. Hoy en día, la xenofobia está desarrollándose de una forma galopante e inimaginable, y es deber de los antropólogos hacerse cargo de sus causas, consecuencias y soluciones.

XENOFOBIA

ES

ANTICULTURA

PORQUE

EVITA

LAS MANERAS DE VIVIR

'JUNTOS'

Xenofilia o amor a los extranjeros

Las ciencias sociales peruanas sufren de xenofilia o amor por los extranjeros. He visto cientos de documentales que hablan sobre la cultura mochica, sobre los pobladores andinos y los habitantes de la amazonía. He asistido a conferencias y congresos donde se habla de los pastores de puna y pescadores del mar; he leído textos, revistas y publicaciones lujosas que describen artesanías, brujos y campesinos. Lo que llama la atención es que las personas que tratan estos temas son extranjeros. Por ejemplo, cualquiera puede comprobar que casi la totalidad de las imágenes de los documentales televisados sobre las culturas de la costa norte peruana nos muestran rostros y paisajes efectivamente de la costa norte peruana, pero los expertos que hablan con autoridad son todos extranjeros que provienen de países ricos y de universidades ricas. Esto significa que las universidades de los países pobres, sus estudiantes, profesores, y sus comunidades en general, siguen dependiendo y siguen sometidos a los intereses propios de personas que pertenecen a comunidades y países foráneos.

Paleoaxiología o estudio de los valores antiguos

En 1982 en la ciudad de Trujillo ocurrió algo extraordinario. Un agricultor había llegado de Cajabamba y sin conocer a nadie en la ciudad pidió 'posada' en varias casas de la urbanización Primavera. Todos los residentes le negaron alojamiento excepto una familia. El cajabambino recibió una cómoda cama, sanos alimentos y mucha hospitalidad. La posada era una costumbre muy popular que consistía en dar alojamiento al viajero. Veinte años más tarde, personalmente disfruté de la posada que me ofrecieron gentilmente los pobladores de un pueblo de la selva peruana.

Los arqueólogos y paleontólogos descubren artefactos y huesos antiguos que nos ayudan a entender el mundo en que vivimos. Se dedican más a los objetos materiales y sus interpretaciones. Pero en nuestro tiempo de crisis de valores, creo que es pertinente y urgente estudiar los valores humanos casi olvidados que nos han permitido coexistir juntos por miles de años para que no desaparezcan sin hacer nada para evitarlo.

SOCIEDAD PIERDE VALORES POSITIVOS

PALEOAXIOLOGÍA RESCATA VALORES POSITIVOS OLVIDADOS

Migraciones

Debido a las facilidades de las comunicaciones en la actualidad y a la mayor pobreza, guerras, persecuciones e injusticias, las migraciones humanas son uno de los fenómenos culturales más generalizados, impactantes e importantes de nuestro tiempo. Los maltratos y abusos que sufren los inmigrantes se pueden disminuir a través de un mejor entendimiento. Pero las migraciones no son solamente traslados geográficos. También hay migraciones retrospectivas de personas que 'viajan' hacia el pasado y que viven un mundo irreal impidiendo sus desarrollos personales y de sus comunidades; y hay migraciones introspectivas de personas que 'viajan' a mundos interiores igualmente fantasiosos que las afectan negativamente. La antropología es la llamada a entender la migración y así poder evitar sus malas consecuencias y generar políticas sociales adecuadas.

REALIDADES REPULSIVAS

EXPULSA

EMIGRANTE

REALIDAD ATRACTIVA

ATRAE

INMIGRANTE

SOCIEDADES ATRACTIVAS
PARA PERUANOS

USA

ITALIA

ESPAÑA

JAPÓN

CHILE

CANADÁ

SOCIEDADES REPULSIVAS
PARA PERUANOS

PERÚ

Nativos, aborígenes y grupos étnicos.

Las palabras nativos, aborígenes y grupos étnicos, a igual que la palabra indígena, se usan generalmente para referirse a las personas sin recursos que habitan en lugares pobres. Nadie dice nativo o aborigen o grupo étnico si se refiere a un alemán por ejemplo. Si analizamos estos términos podremos darnos cuenta de que sí podemos denominar a cualquier persona de cualquier país con estos términos de nativos, aborígenes y grupos étnicos. Pero de hecho, estos nombres solamente se utilizan con determinados grupos de personas de una forma peyorativa. Estas palabras obedecen y se originan en la tradicional antropología del 'otro' que divide a las personas en especies diferentes y que justifica opresión e injusticias. En la antropología del 'prójimo' todos somos seres humanos con cultura.

POR DEFINICIÓN TODO SER HUMANO

PERTENECE A UN GRUPO ÉTNICO

El mejor antropólogo

Las experiencias en los trabajos de campo nos ofrecen momentos graciosos y momentos trágicos. Y siempre hay una competencia y rivalidad por descubrir quién es el mejor antropólogo en el campo. Mi experiencia personal me indica que los mejores antropólogos son generalmente los antropólogos miembros de las comunidades donde se estudia. Es decir, si se realiza un trabajo de campo en la selva amazónica, lo mejor sería un antropólogo de origen amazónico; si el trabajo de campo es en Sao Paolo, lo ideal sería que un antropólogo nativo de esa ciudad lo lleve a cabo. En otras palabras, creo que el mejor antropólogo es el que pertenece a la cultura en estudio. Nunca he visto un antropólogo extranjero superar a un antropólogo local en el trabajo de campo.

Antropólogos mercenarios

Antropólogos mercenarios han existido desde que existe la antropología. En lugar de haber disminuido en los últimos años, estos profesionales sin ética profesional han aumentado. Ahora, más que nunca, los gobiernos y las corporaciones se dan cuenta del gran poder del conocimiento de la cultura y de todo lo que esto implica: penetrar creencias, prevenir comportamientos, detectar sentimientos, descifrar deseos y manipular pensamientos. Los antropólogos están de moda, y por desgracia, los antropólogos mercenarios también, y éstos venden sus servicios a gente rica que quiere enriquecerse más a costa de la gente pobre.

Mitoide del pez que no conoce el agua

Una de las mentiras más grandes es la que afirma que los miembros de una cultura particular no se dan cuenta de muchos aspectos de su cultura y por lo tanto se necesita un antropólogo foráneo y ajeno a dicha cultura para estudiar, analizar y descubrir rasgos culturales que son invisibles a las personas que la viven. Mejor dicho, el último ser que se daría cuenta de que existe el agua sería el pez que vive en ella. Toda esta historia se ha fabricado para justificar la presencia de antropólogos extranjeros en países pobres con el fin de extraer sus conocimientos para usos políticos, militares, colonialistas, de sometimiento, comerciales y tecnológicos.

Síndrome del antropólogo representante público

Algunos antropólogos creen que ellos representan a algunas comunidades denominadas 'nativas o indígenas'. Hablan en nombre de ellas, conocen sus realidades, entienden sus problemas, saben que desean, defienden sus intereses, son sus amigos, hablan su idioma y son hijos predilectos. Estos antropólogos son defensores del mitoide del pez que desconoce el agua. Están convencidos de que los protagonistas, los mal denominados 'indígenas', los nativos, no son muy conscientes de lo que ocurre y por esto los antropólogos son necesarios para representarlos. El antropólogo representante público 'transmite lo que los nativos quieren transmitir pero no pueden'. Es el único que puede hacerlo. En realidad, ellos mismos se contradicen: ¿cómo pueden representar y transmitir los intereses del 'pez' si éste no conoce su realidad? Esta clase de antropólogo abunda en los países ricos. Lo ideal es que los mismos miembros de las comunidades pobres tengan las capacidades y las oportunidades de hablar por ellos mismos tal como lo hacen las comunidades de personas adineradas.

Racismo

Tres historias parecidas me han enseñado mucho sobre el racismo. La primera historia es acerca de un científico que viaja al polo norte y observa que todo es blanco, la segunda historia es acerca de otro científico que va al bosque y percibe que todo es verde. Y la tercera historia es acerca de un tercer científico que viaja a Perugia, Italia, y ve que todos los italianos son iguales. El primer científico aprendió de los habitantes innuit que el manto de nieve presenta diversos colores y matices y que según esa información, se puede caminar sobre ciertas partes y se debe evitar otras muy peligrosas. El segundo científico aprendió de los campesinos que cada planta verde ofrece diferentes frutos y usos. El tercer científico se enteró, después de semanas de residencia en Perugia, que los italianos que se parecían tanto entre sí no eran todos italianos sino que muchos eran croatas, albaneses, marroquíes, yugoslavos, suizos, griegos, argelinos, palestinos y argentinos. Después de conocer estas diferencias, los tres científicos cambiaron su forma de ver las cosas, y lo que antes parecía tan uniforme pasó a ser tan distinto y lleno de diferentes cualidades y características. Lo mismo le ocurrió a un amigo mío quien veía a todas las personas como personas y no como otras cosas, pero que después de leer los textos de los biólogos y antropólogos obsesionados con las diferencias somáticas de la gente empezó a ver razas diferentes. La raza es una sola, la raza humana, y los estudios sobre las diferencias biológicas de los primeros antropólogos han originado el racismo y los racistas más que clasificaciones útiles para la humanidad.

¿EL RACISMO HA CREADO A LAS RAZAS?

Teoría de los hombres no

En una prestigiosa escuela de economía enseñan que la economía es 'la asignación de recursos escasos entre fines alternativos'. De dicha escuela egresan futuros empleados públicos, ya sea ministros, presidentes o directores de organizaciones. ¿Cómo puede haber fines 'alternativos' si millones de personas se mueren de hambre? El hombre niega lo que debe hacer y acepta lo que quiere hacer. Si se quisiera, el hambre desaparecería en este momento del planeta, pero se hace casi nada para lograrlo. Ante propuestas humanitarias y humanistas, las repuestas son negativas por parte de los empleados públicos que viven de los salarios de las poblaciones que pagan sus impuestos, ya sean estos empleados presidentes, ministros, directores, alcaldes u otros. Pienso que la antropología debe esforzarse para entender por qué el ser humano niega irracionalmente lo que debe hacerse.

Historia de la antropología

Si revisamos la historia de la antropología nos daremos cuenta de que la ciencia está dominada por pocos países y universidades y que se remonta a pocos siglos. La estrecha visión etnocentrista y chauvinista de pocos antropólogos de habla inglesa, español o alemana nos ha hecho creer que la antropología fue creada y practicada solamente por unos pocos hombres pertenecientes a las clases privilegiadas de algunos países ricos. Intelectuales elitistas ingleses, estudiosos estadounidenses o alemanes, cronistas españoles o portugueses. El estudio de las maneras de vivir juntos es muy antiguo y se ha llevado a cabo hace muchos siglos en diferentes regiones del mundo, basta leer las crónicas del siglo XVI o los textos milenarios de los antiguos habitantes de Asia. Se necesita investigar mucho acerca de los antiguos antropólogos y sus obras –que seguramente tenían otros nombres- y que

existieron cientos y miles de años atrás en las
desaparecidas naciones del mundo americano,
africano o asiático. Con seguridad, una nación
como la mochica tuvo que tener sus
'antropólogos' para poder desarrollarse como el
gran estado que fue. Los historiadores de la
antropología de los países ricos han tenido la
intención de estudiar solamente lo que les
conviene ocasionando un dominio académico e
intelectual en su propio beneficio. Y siempre el
antropólogo estudia desde su perspectiva teórica
etnocentrista.

¿LA ANTROPOLOGÍA
ES UNA DE LAS
PROFESIONES MÁS ANTIGUAS?

Colonialismo

Se cree erróneamente que los antropólogos que sirvieron al colonialismo han desaparecido y que sólo existen en los libros que narran la historia de la antropología. La verdad es que estos malos antropólogos están por todas partes en la actualidad y trabajan para los intereses de las compañías mineras, de gobiernos, de ejércitos y de corporaciones. Es más, ahora más que nunca abundan de una manera impresionante. La antropología está de moda, pero manteniendo un perfil bajo.

EL COLONIALISMO
NO ES EL PASADO
EL COLONIALISMO
ESTÁ
PRESENTE

Antropología de los sentimientos y actitudes

Los sentimientos y actitudes han sido descuidados en los estudios a lo largo del desarrollo de la ciencia. Si nos detenemos a pensar, solamente con el estudio de dos puntos básicos, el estudio del temor y de la agresividad, se podría avanzar muchísimo en el estudio del hombre. La antropología del temor, el entendimiento de un solo sentimiento, puede llevarnos al conocimiento de temas tan importantes para nuestro bienestar como el desarrollo humano, la salud mental, la socialización, la autoestima, los estudios, los conflictos familiares, los abusos, el suicidio y el éxito personal.

¿ES POSIBLE OBJETIVIDAD CON SENTIMIENTO?

Holismo

Algunos antropólogos creen erróneamente que holismo significa que el antropólogo debe ser un sabelotodo porque el holismo abarca todo. El holismo sólo nos indica que para entender una parte de un todo debemos entender el todo. Es decir, que para entender correctamente una tradición singular de una comunidad, debemos entender a la comunidad completa y no solamente la tradición aislada porque ésta sola no nos va a decir todo sobre sí misma. El todo explica las partes y no las partes se explican ellas solas.

Científico social

Ciertos antropólogos creen que todos los antropólogos son científicos sociales porque han estudiado ciencias sociales. La verdad es que no existe un certificado que diga que uno es científico. La sociedad y la comunidad científica determinan quién es científico y quién no lo es.

Proyectos de desarrollo

La mayoría de antropólogos de los países pobres trabajan en proyectos de desarrollo de forma temporal y sin beneficios laborales. Son contratados por algunos meses por entidades del gobierno u organizaciones sin fines de lucro (ONGs). Los proyectos de desarrollo se hacen para identificar problemas sociales que deben ser resueltos para mejorar la calidad de vida de las personas afectadas. Los proyectos de desarrollo empiezan con el diagnóstico o identificación de un problema social, continúan con la elaboración de un plan para solucionar el problema, una evaluación de las condiciones de vida antes de la ejecución, la ejecución del plan, y la evaluación de las condiciones de vida después de la ejecución del plan para ver cuales resultados se obtienen. Con suerte, los antropólogos podrán trabajar durante un período largo de varios meses o pocos años antes de buscar trabajo en otro proyecto.

TODO PROYECTO DE DESARROLLO

NECESITA

UN ANTROPÓLOGO

PORQUE

LOS PROYECTOS

SON REALIZADOS POR

LAS PERSONAS

Antropología política

¿Qué antropólogo puede explicar por qué poblaciones de millones de personas mantienen oligarquías corruptas que se aprovechan de ellas y que incluso cometen crímenes crueles contra esos mismos pobladores? Demasiados antropólogos de los países ricos han explicado que los pobres sin educación se sienten incapaces de pelear en contra de los gobernantes opresores y que los únicos que sienten que pueden ganar una guerra de esa índole son las clases burguesas instruidas. Este mensaje tiene la intención subliminal de decir a la gente pobre que ellos no pueden cambiar las cosas.

Antropología visual

Ya es tiempo de que los ciudadanos antropólogos de las naciones y lugares pobres produzcan sus propios documentales sobre sus propias realidades con el apoyo de los pobladores de una manera responsable. La televisión está plagada de extranjeros provenientes de países ricos que malinterpretan realidades que desconocen y que solamente han palpado en unas horas o días (en el mejor de los casos) y que producen y venden videos comerciales sin importarles las consecuencias ni los reales problemas. La única razón de ser de muchos documentales es el impacto que causarán en las audiencias.

¿PARA EDUCAR
ES MEJOR
UN LIBRO
O
UN VIDEO?

Antropología de los medios de comunicación

¿Cómo es posible que los periódicos y noticieros y medios de comunicación en general influyan en la mayoría de personas en beneficio de unas pocas personas? Y esto gracias a la ilusión popular de que los medios benefician a la mayoría. Gracias a la tecnología actual, los medios de comunicación van a tener mayor poder en el futuro. La realidad ya casi no importa, lo que importa es la información mediática sobre la realidad. La gente se interesa más por chismes que ocurren a miles de kilómetros de sus casas en lugar de preocuparse por la salud de sus familias simplemente porque los primeros vienen en formatos tecnológicos rimbombantes. Urge una antropología de los medios antes de que el ser humano sea arrastrado por un mundo de ficción aún más deshumanizante del que lo hizo la revolución industrial.

¿MÁS MEDIOS DE COMUNICACIÓN

OFRECEN

DEMASIADA
INFORMACIÓN
FALSA

ASÍ
EL SER HUMANO
SE ALEJA
DE LA
REALIDAD?

Idealistas versus materialistas

En la filosofía existen dos grupos, los idealistas y los materialistas. Para los idealistas el universo existe según leyes que gobiernan todo lo que hay, para los materialistas la presencia del universo ha originado leyes que han permitido su existencia tal como lo es. Ciertos antropólogos tratan de crear una rivalidad entre idealistas y materialistas en la antropología. Lo que sucede es que la antropología no es filosofía, y mejor que discutir sobre cuál fue primero, si la práctica o la teoría, es mejor considerar que ambos son inseparables y así trabajamos mejor. Creo que no es importante discutir si primeramente el hambre es una realidad material o si es un concepto idealista. En la cruda realidad, el hambre es tan real como las piedras, pero también nos damos cuenta de que en la realidad que hemos construido parece que solamente tienen hambre los que tienen dinero, porque el que no tiene dinero para comprar comida sencillamente no tiene hambre, así es que el hambre en nuestro mundo es tanto 'materialista como idealista'.

Comunistas versus capitalistas

También rivalizan dos grupos antagónicos, los antropólogos comunistas y los antropólogos capitalistas. El comunismo tal como está concebido no puede desarrollarse porque el ser humano es también un ser individual con aspiraciones propias y no solamente un ser colectivo con aspiraciones sociales. El capitalismo dominante actual tampoco puede continuar porque está causando mayores desigualdades, más abusos y peores explotaciones. Entonces ya no es posible adoptar estas dos posturas y rivalizar porque ambas posiciones pierden. Es mejor pensar y crear otra opción que sea mejor que las dos anteriores y que las supere, un verdadero reto para los antropólogos.

Religiosos versus ateos

Otros grupos rivales que se forman en las escuelas de antropología son los que creen y los que no creen. Muchos antropólogos creen que los materialistas son ateos, comunistas, revolucionarios, mediocres, liberales y resentidos, y que los idealistas son creyentes, capitalistas, fascistas, arribistas y conservadores. Es decir, se confunden y malentienden todos estos términos y se los utiliza ignorando sus significados. La historia es testigo de que grandes antropólogos materialistas eran creyentes en su religión y de que antropólogos idealistas eran ateos por ejemplo.

Fascistas versus anarquistas

En el ambiente de la antropología

también se perciben dos grupos antagónicos de antropólogos: los fascistas y los anarquistas. Los fascistas defienden los gobiernos fuertes y autoritarios porque no toleran la anomia ni la desorganización de ninguna índole; los anarquistas defienden la libertad sin gobierno ni autoridad porque no toleran la imposición abusiva de las leyes ni de las reglas. Equivocadamente se compara a los fascistas con los antropólogos desarrollistas supuestamente defensores de la ingeniería social y a los anarquistas con los antropólogos mal llamados 'indigenistas'.

Bohemios versus académicos

Otros grupos comunes antagónicos en algunas escuelas de antropología son los antropólogos bohemios y los antropólogos académicos. Dependiendo de los países y universidades, a los bohemios se los conoce como los místicos, hippies, filósofos, pos posmodernistas y hasta 'pelucones'. A los académicos se les llama también teóricos, nerds, estudiosos, alumnos y hasta 'chancones'. La reputación de los bohemios es negativa, se cree que ellos usan drogas, utilizan cosmovisiones exóticas y viven fantasías. La reputación de los académicos es también negativa al final de cuentas, se piensa que son estudiosos de teorías que no han contribuido en nada a la humanidad y que defienden ideas y conceptos que han ocasionado mal interpretaciones y abusos de los pueblos empobrecidos. Al final, como ocurre en general, se da una confusión de términos y conceptos y una tendencia a estereotipar y generalizar diferentes personalidades, oficios y posiciones. Un filósofo es un filósofo y un bohemio es un bohemio, no son sinónimos.

Andinistas versus progresistas

Sobre todo en universidades de países andinos, existe una rivalidad entre los antropólogos andinistas y los progresistas. Los andinistas son igualmente conocidos como antropólogos indigenistas, culturalistas o nativos. Los progresistas por su parte, son también llamados desarrollistas, ingenieros sociales, neoliberales y capitalistas. Esta tendencia a dividir y construir dicotomías aparentemente opuestas ha causado etnocidios, genocidios, erróneas políticas abusivas, conflictos y dominación. Un antropólogo andinista puede ser desarrollista y crear progreso en áreas andinas sin causar daño a la manera de vivir juntos de la gente local.

Marxistas versus neoliberales

Otra división antagónica que se hace en el mundo actual de los antropólogos es la que enfrenta a los marxistas con los neoliberales como si sólo existiesen esas dos únicas posibilidades. La idea es siempre la misma, o se está en un grupo o se pertenece al grupo rival. Estas ideas han venido contaminando el ambiente académico de la antropología por muchísimos años y solamente han causado rivalidades y conflictos paralizadores evitando creaciones de nuevas y mejores concepciones.

Información

La mayor cantidad de información existente hoy en día, su fácil acceso y las nuevas ideas 'alucinantes' están alejando a la antropología de su deber básico. Ahora los nuevos antropólogos se dedican más a quehaceres novedosos y sofisticados que se relacionan con las nuevas tecnologías. En consecuencia, se están alejando del ser humano para adentrarse en el mundo de la interacción entre las nuevas máquinas y las personas. La antropología está dejando de ser antropología. Y todo esto ocurre cuando el racismo, el chauvinismo, los etnocidios, los genocidios y odios están más vigentes que nunca en la historia de la humanidad.

¿MÁS INFORMACIÓN

MÁS FICCIÓN

MENOS REALIDAD

MÁS INJUSTICIAS?

TIPOS DE ANTROPÓLOGOS

BOHEMIOS

DESARROLLISTAS

VISUALES

EVOLUCIONISTAS

ANARQUISTAS

ANDINISTAS

EXÓTICOS

MATERIALISTAS

IDEALISTAS

REVOLUCIONARIOS

INTELECTUALES

CULTURALISTAS

POLÍTICOS

AVENTUREROS

ETC.

Repetidores versus pensadores

Se leen las teorías y todo el cuerpo de conocimientos expuestos por los profesores y se responden a las preguntas de los exámenes para aprobar los cursos. Esta es la vida universitaria de los repetidores. Los pensadores hacen lo mismo obviamente, pero además analizan racionalmente sus estudios, eliminan las falacias y crean sus propias formas de pensamiento racionales que los harán mejores antropólogos para toda la vida y no sólo para obtener el diploma. Lo ideal sería naturalmente una escuela de antropología de pensadores.

Lujo versus utilidad

Popularmente en muchos países, la antropología es un lujo, o si se quiere ser más directo, es un 'cuento inútil'. Para quienes han trabajado con profesionales de otras disciplinas en proyectos multidisciplinarios, se acusa disimuladamente a los antropólogos y a la antropología de ser inútiles. Algunos comentarios afirman que los 'marcos teóricos' de los antropólogos son elaboraciones ideológicas improductivas e irreales. Tal vez la culpa sea de los mismos antropólogos, pero la realidad es que la antropología no solamente es útil en toda organización y en todo proyecto, sino que también es una necesidad beneficiosa. ¿Alguien puede decirnos si existe una corporación, una empresa, una institución o una fábrica sin seres humanos?

Dogmatismo

Uno de los grandes enemigos de la antropología es el dogmatismo. Desgraciadamente, muchos antropólogos sienten temor ante las críticas de sus colegas. Este hecho simplemente responde al dogmatismo imperante en la antropología. Es posible que el origen se deba al carácter holístico de la ciencia que hace creer a ingenuos antropólogos que ellos saben todo sobre todos los temas (?).

Determinismo genético

Ante el avance de los estudios sobre los genes y la práctica de la ingeniería genética, la vieja guerra entre los biólogos y los antropólogos se está definiendo a favor de los primeros. Si se cree que los genes van a dictar nuestros sentimientos y comportamientos, entonces ya no hay lugar para la cultura. La gente común atribuye ciertas actitudes a ciertas personas por el color de la piel y la antropología no ha evitado este prejuicio, por el contrario, los biólogos que trabajan con genes están reforzando la idea de que la sangre heredada, los genes heredados y el ADN heredado, van a decidir si somos privilegiados o marginados.

Determinismo cultural

La peor respuesta al determinismo biológico o genético es otro determinismo. Los antropólogos que afirman que la cultura determina toda la existencia humana se contradicen ellos mismos porque contradicen el holismo de la ciencia de la antropología. Una sola parte del 'universo' del ser humano no puede explicar ese todo. La cultura es solamente una parte. El determinista cultural niega la totalidad del ser humano porque sólo toma en cuenta una parte del todo. En la práctica, la gran mayoría de antropólogos son deterministas culturales. Además, el determinismo cultural ha defendido la supremacía de las potencias militares y han justificado invasiones, racismos, genocidios, etnocidios, crímenes y colonialismo.

Determinismo ambiental

El determinismo ambiental por su parte degenera al ser humano y menosprecia su gran poder de superación creado e impulsado por la cultura. El determinismo ambiental da gran valor a la tierra y sirve como ideología política que justifica las invasiones y conquistas. Debido a que se cree que gran parte del desarrollo se debe al medio ambiente, los países con armas más potentes tratan de apropiarse de territorios ajenos. Cientos de libros influyentes escritos por biólogos, historiadores, arqueólogos, antropólogos y otros expertos en la materia venden la idea de que el medio ambiente, la tierra, el clima, los animales y las bacterias que rodean a ciertas sociedades han contribuido en su desarrollo de una manera determinante. Políticos y militares toman esta idea y crean guerras en nombre de la justicia, la libertad y la democracia con el único fin de robar medios ambientes que pertenecen al prójimo.

¿SER HUMANO
ES
PRINCIPALMENTE
PRODUCTO DE
GENES
MEDIO AMBIENTE
CULTURA?

Hecho y opinión

No diferenciar el hecho de la opinión ha originado que la antropología se aleje de su razón de ser y se dedique a estudios superficiales y sin bases sólidas. Un hecho tan elemental es la necesidad de la coexistencia pacífica en la justicia, una necesidad que es sustancialmente cultural y humana, y por ende, asunto de la antropología. Los beneficios de trabajar en este solo hecho son importantísimos para nuestro bienestar. Sin embargo, los antropólogos se han embarcado en búsquedas de ideas más espectaculares generadoras de prestigio que en el fondo son solamente opiniones y no hechos. Esas opiniones, que a veces se llaman teorías, modelos, escuelas, sistemas, ideologías, determinismos, aparecen y desaparecen. Los hechos, tales como nuestra necesidad de vivir bien, persisten en el tiempo. Hoy por hoy, los antropólogos se han dedicado a la discusión de sus opiniones en lugar de trabajar con los hechos.

¿TEORÍA
ANTROPOLÓGICA
ES
MAYORMENTE
HECHO
U OPINIÓN?

Pensamiento crítico

El pensamiento crítico –decidir racionalmente en qué creer y en qué no creer- ha sido dejado de lado en la mayoría de escuelas de antropología. Lo que se hace es dar información y asegurarse de que el alumno la haya aprendido a través de los exámenes. Se enseña un concepto o un nombre en la clase y se pregunta en el examen por el significado. Es decir, se premia la memoria. Si un alumno cuestiona y pone en duda una idea establecida por algún antropólogo de prestigio, se asume que es una amenaza personal.

Objetividad científica

Es de común opinión que los científicos hacen sus investigaciones de una manera objetiva, es decir, trabajan desinteresadamente. Esto significaría que sus informes científicos serían verdades objetivas incuestionables. Al menos esto es lo que se piensa popularmente. Si revisamos detenidamente la gran producción de material científico publicado por antropólogos y universidades de prestigio pertenecientes a los países ricos, nos daremos cuenta de que subliminalmente siempre hay un mensaje escondido que trata de meterse en las mentes de la población para escabullirse después en forma de actitud defensora de privilegios y explotaciones. En los libros de antropología, arqueología, historia y de las ciencias sociales en general, encontramos mensajes 'científicos y objetivos' que tratan de convencernos de que las sociedades ricas son superiores con justicia, que las buenas personas civilizadas pueden robar y matar a los malos y sucios primitivos, o que la desgracia en una gran ciudad de un país rico es una verdadera desgracia mientras que la misma desgracia en un pueblo de un país pobre es simplemente una lejana fotografía rara de un lugar sin nombre.

¿ES POSIBLE OBJETIVIDAD CUANDO SE ESTUDIA LA CULTURA?

¿ES POSIBLE EXPERIMENTAR CON LA CULTURA?

Ciencia Social

En algunas escuelas la antropología es ciencia. En otras escuelas la antropología es un arte. Algunos antropólogos hacen de la antropología un tipo de literatura, otros antropólogos hacen de la antropología una ciencia. Según mi experiencia, la antropología es vista generalmente como una carrera humanista o social, pero vista como ciencia, casi nunca. Es más, he escuchado que la antropología recibió el nombre de ciencia por motivos de mercadeo para atraer estudiantes y postulantes. Sea como fuere, y a diferencia de los primeros antropólogos académicos que trataron de establecer una ciencia del ser humano, los antropólogos de la actualidad han hecho de la antropología una especie de literatura y arte audiovisual donde toda interpretación relativa es válida porque no hay verdades universales, ni decencia, ni justicia, ni crítica, ni leyes, ni hechos, sino solamente opiniones, valores relativos, justificaciones, pareceres y producción de palabras.

EN PERÚ

SE DICE QUE

LA ANTROPOLOGÍA

ES CIENCIA

PERO EN OTROS PAÍSES

¡ES

ARTE!

La reina de la papa

Durante muchos años, varios expertos gubernamentales y de organizaciones no gubernamentales trataron de organizar a campesinos de comunidades campesinas andinas en el sur peruano con el fin de hacerles producir papas para el mercado en lugar de continuar con su economía de subsistencia. A través de estos proyectos de desarrollo se esperaba mejorar la calidad de vida de los campesinos. Lo único que lograron los expertos llegados de ciudades lejanas con nombres, apellidos y títulos de prestigio, fue un plan fallido que afectó negativamente a los comuneros que se enfrascaron en indeseados conflictos y discusiones. El destino de aquellas comunidades parecía inamovible hasta que un día llegó una señora comerciante de la ciudad de Puno quien, como por arte de magia, organizó a los comuneros quienes se convirtieron en productores de papa para el mercado, mejorando, por supuesto, sus ingresos económicos y su calidad de vida. La soberbia profesional lleva al aislamiento cognitivo y al desempeño laboral fantasioso. Este problema que detentan los intelectuales elitistas es más riesgoso y común en la antropología debido a que se trabaja holísticamente con seres humanos quienes saben lo que quieren y lo que no quieren.

¿EL INTELECTUAL COMÚN
VIVE AISLADO
DEL MUNDO?

POR EL CONTRARIO

EL ANTROPÓLOGO, POR DEFINICIÓN,
VIVEN EN LA REALIDAD.

Síndrome de Nostradamus

Debido a que se percibe un mayor peligro en nuestro tiempo, las profecías y los profetas han encontrado un lucrativo mercado que explotar. Se comercia con la curiosidad humana y la creencia de lo sobrenatural para vender producciones poco científicas. Los antropólogos son partícipes de alguna manera de esta moda y participan en investigaciones y espectáculos sin ética profesional. Ante las exigencias de un vertiginoso y apurado mercado, lo que importa es vender un producto que llame la atención. Claro, todas las profecías se refieren a los habitantes de los países ricos. El resto del mundo no existe. Si hubo una catástrofe en una gran ciudad de un país rico causando mil víctimas, entonces dicho evento estuvo visualizado por los grandes profetas antiguos en sus visiones de la historia de la humanidad. Si una catástrofe aún más grande tuvo lugar en un país pobre con millones de víctimas, entonces no fue profetizado por nadie y ni siquiera pertenece a la gran historia de la humanidad. En el fondo, todas las profecías importantes de los antropólogos futurólogos se refieren a las sociedades ricas. Esto se debe a que las publicaciones de libros y documentales están casi monopolizadas por universidades de países ricos porque se dirigen a mercados de los países ricos y porque deben producir sobre temas que les interesen a los habitantes de los países ricos. Si las catástrofes del futuro ocurrirían en poblados lejanos de los países ricos entonces no importaría a la gran audiencia. Si el peligro de la desaparición de la selva del Amazonas interesa a la gran audiencia que compra libros de los países ricos, no es porque en esa área sudamericana vivan seres humanos, sino porque puede afectar negativamente a las comodidades de sus ricos vecindarios.

¿LOS PROFETAS
SOLAMENTE
SE INTERESAN
EN LOS RICOS?

Etnocentrismo

Todas las ideas y teorías dominantes que se producen en la antropología están matizadas por el etnocentrismo. La antropología dominante proviene de los países ricos. Universidades de los Estados Unidos, Inglaterra, Francia, Holanda, Alemania, Canadá y Holanda influyen y dan forma a los desarrollos de las antropologías de los países pobres. Todo estudio científico que se hace en la antropología tiene como premisas esenciales elementos culturales de la sociedad madre del investigador. Es imposible que un antropólogo estudie una sociedad que no sea la suya sin caer en el etnocentrismo. Los antropólogos sabemos esto. Nuestros conocimientos aprendidos en nuestras escuelas de antropología provienen de nuestras propias formas de pensar. Esto se hace evidente cuando los antropólogos provenientes de los países ricos trabajan en los países pobres debido a que las teorías dominantes se originan en universidades ricas de países ricos con la intención de explicar las realidades de los lugares pobres. Peor aún, antropólogos de países pobres trabajan en sus mismos países pobres utilizando conocimientos generados en otras sociedades con otras realidades. En gran medida, estos conocimientos vigentes y dominantes defienden los intereses de los países ricos.

¿LA TEORÍA ANTROPOLÓGICA NORTEAMERICANA Y EUROPEA ES ETNOCENTRISTA?

Antropología de la muerte

Un rasgo básico de la cultura es el conocimiento de la muerte. A pesar de este hecho, el ser humano vive su vida como si no existiese la muerte, al menos, aparentemente. Es cierto que las personas se alimentan y protegen para evitar la muerte, pero lo hacen de una manera casi automática, si darle mucha atención. Pero las actividades y compromisos importantes obedecen a deseos y anhelos 'inmortales' que no consideran la muerte como una opción. Algo tan básico como la muerte, nos lleva a pensar en la vida. Y la vida que es tan propio y tan característico del ser humano ha sido olvidada por la antropología que se ha dedicado más a epifenómenos de la vida humana. Hasta ahora no sabemos qué es la vida o por qué vivimos. Si estos temas parecen pertenecer más a la filosofía, creo que la antropología debería resolverlos debido a que los filósofos no han encontrado la solución.

Antropología del sufrimiento

¿Cómo algo tan humano como el sufrimiento puede ser tan ajeno a la ciencia de la antropología? ¿Cómo algo tan básico, tan urgente, tan real en nuestras vidas, no es tan importante? El sufrimiento humano, sus causas, consecuencias y sus culpables, es un fenómeno cultural. No me refiero al dolor físico causado por una enfermedad transmitida por algún animal, me refiero al sufrimiento creado por la acción cruel de unas pocas personas.

La pregunta más importante y la respuesta más sencilla

En una caleta de pescadores del norte peruano escuché una historia de un viejo pescador. Hace cientos de años, me dijo, llegó desde otro mundo un gran ser poderoso y les preguntó a los ciudadanos del lugar: ¿Qué es lo más importante para la humanidad? Las madres contestaban que lo más importante eran sus hijos; los enamorados contestaban que eran sus seres amados; los campesinos contestaron que eran sus cultivos; los pastores contestaron que eran sus ovejas; los comerciantes contestaron que eran sus negocios; los presidentes contestaron que eran sus países; los sacerdotes contestaron que eran sus dioses; las monjas que eran sus conventos; los militares que eran sus armas; los obreros que eran sus trabajos; las mujeres adineradas que eran sus joyas. Cuando todo parecía terminar en la decepción del gran personaje de otro mundo, una pequeña mujer que había sufrido los maltratos del gobierno, de los ricos, de los militares y de los jefes, le dijo al poderoso de otro mundo que lo más importante para la humanidad era la justicia. El ser poderosos de otro mundo le dijo que esa era la mejor respuesta que había escuchado y la llevó a un mundo donde la justicia era lo más importante. Desde entonces nadie ha visto a la pequeña mujer. La justicia es un tema pendiente en la antropología y que ha sido maltratada por los antropólogos por la falta de interés y por el relativismo cultural imperante. La justicia no es importante para los antropólogos de los países ricos porque ellos no son los oprimidos. Esto se refleja en los pocos avances en este tema porque ellos monopolizan casi todos los trabajos académicos. Sí existen excelentes estudios sobre la justicia en lugares pobres, pero no han sido publicados por razones económicas.

Los doctores del conocimiento

Una queja de muchos estudiantes, asistentes y secretarias de las escuelas de antropología de los países ricos se refiere a la soberbia de los antropólogos profesores de facultades que tienen títulos de Ph.D. En el tema de la cultura, que al final de cuentas es un tema que concierne a todos y que es el campo profesional de los antropólogos, la soberbia está fuera de lugar. Examinando mejor la situación profesional del antropólogo, nos daremos cuenta de que casi la totalidad del cuerpo de conocimientos con el que trabaja proviene de personas que no son antropólogos. ¿Quién sabe más sobre la vida en las alturas de los andes, el antropólogo Ph.D. que visita el lugar de vez en cuando o el habitante que nació y morirá allí? Para saber algo sobre la pesca en caballito de totora en Huanchaco es preferible conversar con un pescador que realiza este oficio en lugar de preguntarle a un Ph.D. que estuvo de visita en el lugar.

¿EL RECELO A LOS ANTROPÓLOGOS

EXTRANJEROS ES

ENVIDIA

DESCONFIANZA

COMPETENCIA

CELOS

PROFESIONALISMO?

Solos en el inmenso vacío que existe

El holismo de la antropología no significa que los antropólogos sean expertos en todo. Eso de querer saber algo de todo lleva a saber nada de nada. El holismo sólo significa que se debe tener en cuenta el panorama general para entender la parte que interesa. Antropólogos ansiosos en buscar y encontrar nuevos y más sofisticados temas que den prestigio a sus vidas existen en todas partes, ellos están siempre alejándose de los temas básicos de la antropología que aún están sin resolver. Como ejemplo, un grupo de antropólogos están tratando de encontrar indicios de cultura en otras partes del universo. Como sabemos, únicamente el ser humano posee cultura que es adquirida a través de la educación, crianza e interacción con otras personas. Algunos animales también aprenden algunas ideas y comportamientos básicos durante sus vidas, pero eso sería una

protocultura irrelevante. El resultado de tal
búsqueda puede ser de dos formas, o los
humanos como seres con cultura estamos solos
o también hay otros seres culturales en otros
planetas. Ambos resultados son sorprendentes,
pero lo más sorprendente es que se están
gastando grandes cantidades de dinero en estos
proyectos. Bueno, cada uno hace con su dinero
lo que desea, sin embargo, este es un ejemplo
más de que la antropología aún no ha resuelto
problemas básicos que le competen, y sin
embargo, ya se está aventurando en un mundo
desconocido a través de una antropología
'espacial'.

Cultura versus culturas

Para muchos estudiantes, la mejor
definición de cultura es la de la UNESCO:
cultura es...'las maneras de vivir juntos'.
Aunque parezca increíble, todavía hay

acaloradas discusiones acerca del concepto de cultura y esto viene ocurriendo después de siglos de antropología. La discusión está bien, pero no el tipo de discusión que impide el desarrollo de la ciencia, como aquel tipo de discusión que se refiere a que si la puerta de una casa es cultura o no. También se denominan culturas a sociedades y comunidades con modos de vida diferenciados, de este modo, se puede hablar de la cultura mochica o de la cultura francesa. Pero se debe recordar que la cultura es una sola en la humanidad y que solamente sus manifestaciones son diversas. Así se llega a la universalidad y a la equidad.

Anticultura

En muchos viajes sobre viejos camiones nos quejábamos de los olores nauseabundos. Esto ocurrió muchas veces durante los trabajos de campo hasta que un día un colega antropólogo se indignó y exclamó: '¡ese olor feo es parte de su cultura también!' Si consideramos que la cultura es la manera de vivir 'juntos', ese fétido olor no es cultura, sino es más bien anticultura, porque no permite la convivencia sino el rechazo. Además, esos olores hediondos eran síntomas e indicadores inequívocos de falta de higiene, de pobreza, de enfermedades, de falta de agua y de precarias condiciones de vida. Otros ejemplos de anticultura son los asesinatos, los crímenes, las discriminaciones, las injusticias. Claro, alguien puede decir que después de que el ser humano es concebido biológicamente, todo lo que aprende después es cultura. Sinceramente creo que esto no es pertinente. Creo que la cultura nos permite la convivencia en lugar de evitarla. Esta observación nos lleva a la consideración de una anticultura, la cual es negativa porque va en contra de la convivencia.

CULTURA

MANERA DE VIVIR JUNTOS

ANTICULTURA

IMPIDE LA CONVIVENCIA

Entornocentrismo

Parecido al etnocentrismo, las personas interpretan el mundo según sus experiencias vividas en su entorno inmediato. Las señoritas de clase acomodada creen que la tierra donde habitan es un paraíso, se escandalizan por los niños pobres que ven en televisión y que habitan al otro lado del mundo, pero no se dan cuenta de que a la vuelta de la esquina mucha gente vive un infierno creado por la pobreza de ideas, voluntades y actitudes. Ciertos antropólogos sufren también de entornocentrismo y creen que porque ellos fueron a ciertas universidades, leyeron ciertos libros y vivieron en ciertos lugares, todos los antropólogos del mundo hicieron lo mismo o deberían aceptar lo mismo. En sus contactos y relaciones con otros antropólogos de otras realidades los tratan como si compartieran las mismas experiencias. La realidad es que los antropólogos de los países pobres no tienen los recursos ni los financiamientos de los antropólogos de los países ricos. En el caso del Cusco, por ejemplo, los antropólogos cusqueños en general, poseen un mejor conocimiento de su realidad cultural, pero debido al dominio y colonialismo de los antropólogos de los países ricos, los antropólogos cusqueños ayudan en los trabajos de campo y facilitan valiosa información pero no disfrutan de las recompensas. Lo mismo ocurre con los antropólogos y arqueólogos de los países pobres que sufren del colonialismo y dominación de los antropólogos y arqueólogos de los países ricos.

ANTROPOLOGÍA
NO ES
LA MISMA
EN UN PAÍS RICO
QUE EN UN
PAÍS POBRE

Egocultura

La cultura es un concepto abstracto que podemos estudiar a través de sus manifestaciones observables. Cada ser humano vive la cultura de una manera singular y la expresa en todo momento de su existencia. A esta vivencia personal de la cultura se denomina egocultura. Podemos trabajar con conceptos abstractos en las bibliotecas y aportar al desarrollo de la teoría, podemos trabajar con naciones y comunidades y mejorar políticas culturales y de desarrollo, y también podemos trabajar a través del concepto concreto y operacional 'egocultura' para ayudar a las personas individualmente.

CULTURA
NIVEL ABSTRACTO
EN LA
SOCIEDAD

EGOCULTURA
NIVEL CONCRETO
EN EL INDIVIDUO

Antropología de cafetín

Como en toda profesión, también existe un discurso formal y uno informal en la antropología. En las clases, publicaciones, conferencias y congresos, se defiende la diversidad cultural y la interculturalidad, y se justifican costumbres de diferentes lugares que son popularmente considerados indecentes en los lugares de origen de los antropólogos. Un tema común es acerca del respeto que se tiene por todas las culturas y la idea de que no hay culturas mejores que otras. Pero los discursos formales en los ambientes formales son diferentes de los discursos informales e íntimos en los cafetines. Demasiadas veces he escuchado a antropólogos quienes afirman en las conferencias magistrales que todas las culturas son buenas y después confesar, mientras se bebe un café, que por supuesto, existen culturas mejores que otras. Me parece que más real es la antropología que se escucha informalmente de la que se escucha formalmente. Es evidente que hay culturas con mejores calidades de vida que otras, es decir, hay culturas mejores que otras.

Explotación de recursos no renovables

Las compañías mineras o barcos pesqueros o empresas que ofrecen servicios de alta tecnología llegan a los países pobres y extraen sus recursos no renovables. Las mineras extraen minerales a bajo precio, los barcos arrasan con los peces a bajo precio, los de servicios tecnológicos se llevan la creatividad e independencia locales. Después, esos minerales extraídos a bajo precio por las mineras regresan en forma de aparatos y máquinas a altísimos precios, los peces regresan en forma de productos industriales como las cápsulas de omega 3 a altísimos precios, y la creatividad e independencia regresan en forma de nuevos servicios más caros que a su vez crean mayor dependencia y menos creatividad locales. En las ciencias sociales y en la antropología sucede lo mismo. Los antropólogos de los países ricos llegan a los países pobres y extraen conocimientos locales para llevarlos a sus países ricos. Esos conocimientos son casi siempre no renovables porque los informantes locales no tienen los medios de almacenarlos y se pierden en el tiempo. Además, esos conocimientos serán utilizados según los intereses estratégicos de los países ricos donde sí son recursos renovables. Partes de ese conocimiento extraído que no es estratégico regresarán a los países pobres en forma de libros y documentales carísimos y tergiversados.

ANTROPÓLOGOS
DE PAÍSES POBRES
CON CONOCIMIENTOS
NO PUBLICADOS

Y

ANTROPÓLOGOS
DE PAÍSES RICOS
CON CONOCIMIENTOS
PUBLICADOS

En la búsqueda de una alternativa justa
para la creación de riqueza

Si revisamos la historia, la constante siempre omnipresente es que los países ricos han obtenido su riqueza con las armas. Pero ahora ya son otros tiempos y el reto es si es posible encontrar una alternativa justa para lograr la riqueza y bienestar sin armas. Debido en parte a la creencia en el determinismo ambiental y a la codicia, las tierras convenientes son usurpadas y así las débiles víctimas tienen que escapar hacia tierras peligrosas. De esta forma, la gran injusticia está perenne y omnipresente en el mundo, y su solución es difícil. ¿Los descendientes de los invasores son responsables de lo que hicieron sus crueles antepasados?

DIFERENCIA ENTRE PAÍSES POBRES Y RICOS

ARMAS

Y

DESEO DE COMODIDAD

Antropología de la pobreza

Un ejemplo fácil para darnos cuenta de la antropología colonialista imperante es observando la antropología de la pobreza. Según esta peculiar antropología, los pobres son pobres porque son fatalistas, es decir, creen que el destino está predeterminado y por eso no hacen nada para cambiarlo. Lo que podemos encontrar en todos nuestros trabajos de campo en lugares pobres es que los pobres buscan creativamente modos de progresar y mejorar sus condiciones de vida en un mundo que le es adverso por falta de educación, comunicaciones y servicios de salud. Ejemplos de la antropología colonialista imperante como el anterior se encuentran sin esfuerzo porque abundan en toda la literatura clásica y actual de la antropología, porque cabe señalar que la manera de decir las cosas ha cambiado, pero el mensaje es el mismo en el fondo.

Antropólogos difíciles de comprender

Otra tradición en la antropología es la que algunos antropólogos explican las cosas de una forma muy difícil encontrando esto muy fascinante y reconfortante. Incluso muchos creen que mientras más complicada sea la lectura, más inteligente sería el autor. Esta característica es propia del intelectual elitista. Para mí, el buen antropólogo es aquel profesional que expresa sus ideas o dice una verdad de una manera simple para que todos puedan entenderlas.

¿LECTURAS
MÁS COMPLICADAS
SON MEJORES
QUE LECTURAS
MÁS SENCILLAS?

PREGUNTA FINAL

EN NUESTRO MUNDO ACTUAL DE
ENORMES MIGRACIONES,
DESIGUALDADES, GLOBALIZACIÓN,
INJUSTICIAS, PELIGRO MEDIO
AMBIENTAL, CONFLICTOS ENTRE
NACIONALIDADES, IDENTIDADES Y
RELIGIONES,

¿QUIÉN ES EL PROFESIONAL
RESPONSABLE DE TODO ESTE
CONJUNTO DE PROBLEMAS HUMANOS?

A. ¿EL POLÍTICO?
B. ¿EL ABOGADO?
C. ¿EL INGENIERO?
D. ¿EL MILITAR?
E. ¿EL ANTROPÓLOGO?

En una encuesta de un universo de 100 estudiantes de nivel universitario de diferentes escuelas en la ciudad de Trujillo en Perú, la gran mayoría respondió que el político es el responsable.

La antropología es la ciencia del ser humano por excelencia, y hoy más que nunca, es urgente la participación activa de los antropólogos en la búsqueda de soluciones humanas que ayuden a una mejor convivencia en un mundo cada vez más violento y conflictivo.

Este primer libro es producto de varios conversatorios con estudiantes de antropología y tiene el objetivo de hacer pensar al estudioso de la antropología en el análisis crítico de algunas preocupaciones comunes y generalizadas que continúan difundiendo ideas equivocadas ocasionando injusticias, explotaciones, dependencia y desconocimiento

Ricardo L. Sabogal es antropólogo peruano y profesor de cultura latinoamericana en los Estados Unidos. Ha realizado trabajos de campo por más de quince años en la comunidad campesina de Tambomachay en Cusco, en la selva amazónica, en Huanchaco-Trujillo, en Italia y en los Estados Unidos de América. Es autor de las siguientes obras de antropología: *El Club de los Lagartos, El Turista equivocado, Vivir y Morir en Tambomachay, Perdonando a Dios, El Profesor de Español, y Tup el Pescador.*